Élodie Fondacci

Histoires farfelues d'orthographe

Illustrations de Marianne Barcilon

Jeux et parties pédagogiques

Delphine Guichard • Charivari à l'école • Muriel Guitton
Professeures des écoles

LeRobert lunii

Sommaire

en ligne ou sur **Ma Fabrique à Histoires**
(explications p. 116)

S
S

NE
PAS

Monsieur C et sa cédille

Il était 15 heures quand Monsieur **C** de la famille des consonnes se présenta au commissariat.

Tiling, fit la porte quand il la poussa.

Il faisait une chaleur accablante
et Monsieur **C** s'épongea le front
avec son mouchoir à carreaux avant d'entrer.
Il était dans tous ses états.
Tiling, fit la porte quand il la ferma.

Monsieur C jeta un coup d'œil
dans la pièce et il avisa
le commissaire qui était
assis à son bureau devant
sa machine à écrire.
Il se dirigea vers lui.

Le commissaire était un homme bedonnant, au visage un peu rouge, barré d'une féroce moustache et il n'avait pas l'air commode.

Monsieur C avança d'un air hésitant et enleva son chapeau.

– Bonjour monsieur l'agent.

– Monsieur le commissaire, l'interrompit le commissaire.

– Oh, euh, excusez-moi. Bonjour monsieur le commissaire. Je viens… je viens porter plainte pour vol.

Le commissaire commença à taper sur sa machine à deux doigts.

– Lundi 3 avril 2020, 15 heures 04… Monsieur… Monsieur comment déjà ?

– Monsieur **C**.

– Monsieur **C** s’est présenté ici même, pour déclarer un vol. Qu’est-ce qu’on vous a volé, monsieur ?

– Ma cédille.

Le commissaire arrêta de taper et le regarda d'un air soupKonneux :

– Qu'est-ce que c'est que Ka, votre cédille ?

– Eh bien… c'est une sorte de petite queue que je m'accroche euh… là.

Et il montra son postérieur.

Le commissaire fronKa les sourcils.

– Une petite queue ? Derrière votre caleKon ? Dites donc, vous n'êtes pas en train de vous moquer de moi, par hasard ?

– Loin de moi cette idée, monsieur le commissaire.

– Mais Ka ne sert à rien du tout votre truc ?

– Oh ne vous méprenez pas monsieur le commissaire, c'est de la plus haute importance, dit Monsieur C, blessé. Je ne veux pas vous faire une leKon d'orthographe mais…

Le commissaire qui était déjà rouge le devint encore davantage :

– Oh oh oh oh ! Faites attention à votre langage, vous !

– Je vous prie de m'excuser monsieur le commissaire ! Message reKu.

Les oreilles du commissaire devinrent dangereusement violacées :

– Qu’est-ce que c’est que ces faKons ? Je vous reKois ici et vous m’insultez ? Vous croyez que je ne m’en suis pas aperKu ? vociféra-t-il en levant un doigt menaKant. Faites bien attention Monsieur C, moi, je suis un officier de la police franKaise et vous me devez le respect… Je n’ai que faire de vos balivernes et de votre prétendue cédille !

– Mais enfin monsieur, dit Monsieur C qui s'épongeait le front de plus en plus fréquemment… Sans ma cédille, je ne peux pas faire le son SSSS devant les voyelles « a », « o », « u ». C'est mon outil de travail, monsieur le commissaire, comprenez-moi bien. Si je ne la retrouve pas, beaucoup de mots en seront affectés, commissaire.

Le commissaire fronKa les sourcils :

– C'est vous qui le dites Monsieur C… c'est vous qui le dites. Qui par exemple ?

– Mais je ne sais pas moi… Les commerKants. Les maKons. Tous les FranKais monsieur le commissaire ! Sans ma cédille, il n'y aura plus que des garKons pour sourire aux filles. Sans ma cédille, il n'y aura plus que des glaKons à mettre dans son verre. Ka ne vous a pas frappé que depuis le début de cette conversation, il se passe des choses étranges quand nous parlons ? Et que tout va de travers ?

Le commissaire se radoucit : cette histoire de glaKons, Ka l'avait interpellé… car avec cette chaleur, il n'aurait pas été contre un petit rafraîchissement. Il soupira et se balanKa sur sa chaise en suKotant son crayon :

– Vous avez des soupKons ?

– Oui, absolument, murmura Monsieur C. Je pense à Monsieur S qui est jaloux de moi depuis longtemps : il supporte très mal que je fasse le son SSSS comme lui devant « a », « o » et « u ». Il pense que c'est de la concurrence déloyale.

– Monsieur S…, marmonna le commissaire en tapant toujours à deux doigts… Pas de demande de ranKon ?

– Non, monsieur le commissaire.

Le commissaire sortit la déposition de la machine à écrire et rangea soigneusement la feuille dans un classeur étiqueté « Affaires urgentes ».

– C'est bon Monsieur C, tout est noté. Je vous tiens au courant de l'avancée de l'enquête.

– Oh merci, monsieur le commissaire, dit Monsieur C en s'empressant de remettre son chapeau.

Bonne journée monsieur.

Et Monsieur C sortit.

Tiling, fit la porte quand elle se referma.

Quelques jours plus tard, Monsieur C
reçut un coup de téléphone.
La police avait arrêté Monsieur S à la frontière
qui essayait de s'enfuir avec la cédille cachée dans
une valise. Elle fut rendue à Monsieur C intacte.

Et dans la phrase, tout redevint comme avant.

As-tu bien compris la règle ?

La lettre « c » se prononce [s]
devant les voyelles « e », « i » et « y ».

Ceci est un cygne.

Mais elle se prononce [k]
devant les voyelles « a », « o » et « u »,
ainsi que devant une consonne.

Le canard et l'écureuil sont copains.

Pour que la lettre « c » se prononce [s]
devant « a », « o » et « u »,
il est nécessaire de lui mettre une cédille.

Un limaçon a été aperçu çà et là.

Grâce à cette histoire,
tu ne l'oublieras plus jamais.

As-tu bien compris l'histoire ?

Vrai ou faux ?

Parmi les phrases suivantes, lesquelles sont vraies ?

1. Monsieur C se rend au commissariat car on lui a volé sa cédille.
2. Le commissaire sait parfaitement ce qu'est une cédille.
3. Les personnages déforment certains mots car ils doivent parler sans cédille.
4. Monsieur C explique que sa cédille lui sert à faire le son [k].
5. Le voleur était Monsieur S.

Qui dit quoi ?

Selon toi, que pourraient dire ces personnages à la fin de l'histoire ? Redonne sa bulle à chacun d'eux.

1 Voilà une affaire rondement menée !

2 Je devrais être le seul à pouvoir faire le son ssss !

3 Je vais enfin pouvoir faire correctement mon travail !

A

B

C

Jouons avec l'orthographe

Œil de lynx

Juste avant d'être arrêté, Monsieur S a volé la cédille d'un des mots ci-dessous. Sauras-tu le retrouver ?

colimaçon	leçon	façade	reçu
glaçon	hameçon	façon	rinçage
garçon	glaçage	maçon	
gercure	soupçon	français	
caleçon	agaçant	aperçu	perçant
ça	rançon	grinçant	déçu

Les intrus

Trouve l'intrus dans chaque liste.

1. façade – rinçage – passage – glaçage
2. canard – cerise – commerce – cuivre
3. cygne – crochet – crinière – crayon
4. cinéma – silex – cirque – citerne
5. poisson – ourson – leçon – flocon

Labyrinthe

Suis le son ssss pour aider le commissaire à retrouver la cédille de Monsieur C.

→

ça	ca	cro	cau	can	coi	cui
çoi	cro	cai	cran	ca	croi	clé
ci	ce	çon	çu	clou	coi	cui
cou	can	ca	ceau	ci	ca	cla
ca	crai	co	cui	çu	can	clo
co	can	coi	Ca	ça	cra	cro
can	cau	croi	cui	cy	cé	çoi

→

Devinettes

Tous les mots à trouver sont dans l'histoire et comportent une cédille !

A On me met dans une boisson pour la rafraîchir.
Qui suis-je ?

B Je fabrique des maisons.
Qui suis-je ?

C On dit qu'il faut bien les apprendre si l'on veut réussir.
Qui sont-elles ?

D Je suis le prix que l'on exige pour délivrer quelqu'un.
Qui suis-je ?

Drôle d'adresse

Pour connaître l'adresse exacte de Monsieur C, remplace les symboles par les bonnes lettres.

Mon■ieur ★ et ■a ★édille

7 rue en ★olima●on

99 200 ★rochet-■ur-Mer

Fran★e

★	c
●	ç
■	s

La cédille disparue

Trouve la cédille qui a disparu de ce texte.

Monsieur S n'a pas demandé de rançon.

Pourtant, Monsieur C a des soupçons : ca ne peut être que lui !

Les cédilles pirates

Trouve les trois cédilles (inutiles) qui se sont glissées dans ce résumé de l'histoire.

Monsieur C porte plainte auprès du commissaire car on lui a volé sa préçieuse çédille. Il soupçonne Monsieur S, qui est finalement arrêté par la poliçe.

Énigme

Grâce à ces indices, trouve le pays où Monsieur S cherchait à s'enfuir.

- Le pays se termine par un « e ».
- Il ne commence pas par un « b ».
- Il contient au moins un « s » qui se prononce ssss.
- Il ne contient pas de « a ».

Méli-mélo

Remets les mots dans l'ordre pour reconstituer chaque partie de la règle.

A 1 [s] — 2 devant « e », « i » et « y ». — 3 Le « c » — 4 se prononce

B 1 se prononce comme [k] — 2 devant « a », « o » et « u ». — 3 Sans cédille, — 4 le « c »

C 1 devant « a », « o » et « u ». — 2 le « c » — 3 Avec une cédille, — 4 se prononce [s]

Rapport de cédille

Voici un extrait du rapport de police de la conversation entre Monsieur C et le commissaire. Lis ce dialogue. Quels sont les six mots qui ne sont pas écrits correctement ? Qu'est-ce qui manque à ces mots pour prononcer le texte convenablement ?

Affaire Monsieur C

AFFAIRE RÉSOLUE

- Qu'est-ce que c'est que ca votre cédille ?

- Eh bien… C'est une sorte de petite queue que je m'accroche euh… là.

Et il montra son postérieur.

Le commissaire fronca les sourcils.

- Une petite queue ? Derrière votre calecon ? Dites donc, vous n'êtes pas en train de vous moquer de moi, par hasard ?

- Loin de moi cette idée, monsieur le commissaire.

- Mais ca ne sert à rien du tout votre truc ?

- Oh ne vous méprenez pas, monsieur le commissaire, c'est de la plus haute importance, dit Monsieur C, blessé. Je ne veux pas vous faire une lecon d'orthographe mais…

Le commissaire qui était déjà rouge, le devint encore davantage :

- Oh oh oh oh ! Faites attention à votre langage, vous !

- Je vous prie de m'excuser monsieur le commissaire ! Message recu.

Les frères S

À l'école, à la rentrée, il y a eu un nouveau.
Un nouveau avec un nom à rallonge :
Alexandre Segourasckoyasko.
Personne ne savait d'où ça venait ce nom,
mais c'était sacrément difficile à prononcer.
Et d'ailleurs, ça n'avait pas raté.
La première fois que la maîtresse avait fait l'appel,
elle avait dit :
– Alexandre Senougo... Alexandre Segouro...
Alexandre Segourachskeuy... Alexandre
Segourachskeuskeu...
On aurait dit qu'elle allait éternuer !
Au bout de quatre tentatives, la maîtresse était
devenue toute rouge et elle s'était confondue en
excuses :
– Oh, mon garçon, je crois que je ne n'y arriverai pas.
Est-ce que je peux t'appeler Alexandre **S** pour cette
fois ?

Lundi 1
Biemvenues
les enfants
lundi

Ça avait fait rire tout le monde, et Alexandre le premier. Et depuis, c'était resté.

Tout le monde l'appelait **S**.

S. Un point c'est tout.

S était vraiment un garçon très gentil.

Toujours de bonne humeur. Toujours d'accord pour prêter ses billes. Toujours partant pour aider les copains qui n'avaient pas compris un exercice.

Le seul problème de S, c'est qu'il était timide. Mais timide à un point que vous ne pouvez même pas vous imaginer. Surtout avec les filles. Or, dans la classe, il y avait tout un groupe de filles inséparables, que l'on surnommait les Voyelles.

Elles étaient

tellement belles les Voyelles !

A avec ses joues adorables, **O** son beau visage ovale,

Y ses grands yeux et **I** son inimaginable sourire. …

U était une vraie princesse avec ses longs cheveux

dorés. Quant à **E**… Euh, il n'y avait même pas de

mots pour la décrire.

Tous les garçons de la classe étaient un peu amoureux des Voyelles, d'ailleurs. Et **S** était comme les autres. Il aurait bien voulu devenir leur ami.

Mais, à chaque fois qu'il était entre deux Voyelles, il perdait tous ses moyens !

Il devenait tout rouge.

Il avait les mains moites.

S

Mais le pire du pire, c'est qu'il se mettait à zozoter. Par exemple, à la cantine, il prenait son plateau et il s'approchait de **A** et de **O**.

– Euh salut, je peux m'a**Z**oir à côté de vous ?

– Ah…, disait **A** un peu gênée.

– Oh oh, soufflait **O** qui le trouvait un peu bizarre.

Et **S** devenait écarlate. Il continuait pourtant courageusement :

– Oh zut, on a une a**Z**iette de poi**Z**on aujourd'hui.

– Euh, hésitait **E**.

– Tu veux sans doute dire une aSSiette ? ajoutait **I** mal à l'aise.

– Et du poiSSon peut-être, demandait **U** en se mordant la lèvre.

Et toutes les Voyelles se regardaient du coin de l'œil
en fronçant les sourcils.

Pauvre S, il se sentait parfaitement ridicule.
Et il était terriblement malheureux.
Heureusement, S avait un grand frère :
Dimitri Senougo... Dimitri Segouror...
Dimitri Segourachkayo... Enfin bref,
un grand frère prénommé Dimitri que tout le monde appelait Dimitri S, lui aussi. Dimitri se rendait bien compte que son petit frère avait le moral dans les chaussettes. Il le voyait bien rentrer de l'école, jeter son cartable par terre et s'enfermer dans sa chambre jusqu'au dîner sans dire un mot.
Il se doutait que quelque chose n'allait pas.
Alors un soir, il se glissa dans la chambre de son petit frère et vint s'installer sur son lit.

S

– Bon, alors, raconte-moi. Pourquoi tu fais cette tête-là ? Qu'est-ce qui ne va pas ?

– Rien.

– Rien ?

– Rien, je t'assure.

– Eh, t'arrêtes un peu de me prendre pour un idiot ? Tu sais bien que tu peux me faire confiance.

Alors, S lui raconta tout. Les filles de sa classe qui s'étaient moquées de lui, et lui qui zozotait à qui mieux mieux dès qu'il était entouré par deux Voyelles. La honte qu'il avait ressentie.

– Je ne veux plus jamais y retourner.

– Mais si. Allez, ne t'inquiète pas.
Demain, je viens avec toi.
– Tu viens avec moi ? dit **S** sans y croire.
Où ? À la cantine ?
– Ben oui, si je suis avec toi, tu auras moins peur.
Tu te sentiras plus fort. Et tu arrêteras de zozoter.
Tu vas voir, ça va marcher, j'en suis sûr.
Quand tu as besoin de moi, tu n'as qu'à siffler.

Le lendemain, S ne fit donc pas ce qu'il avait prévu de faire en secret : poser le thermomètre sur la lampe et faire croire à maman qu'il avait de la fièvre pour rester à la maison.
Non. Il alla à l'école.
Et à l'heure du déjeuner, il retourna à la cantine, comme chaque jour.
Il chercha Dimitri des yeux. Personne.
S prit le plateau que lui donna la dame.
– Merci.

Puis il respira un grand coup et s'avança vers les Voyelles. Il jeta un coup d'œil vers l'entrée. Toujours personne. Il commençait à paniquer.

S

Le cœur battant à tout rompre, il s'installa entre U et E et murmura :

– Bonjour E, tu veux mon deZert ? Je sais que tu adores la mouZe au chocolat. Je l'ai prise exprès pour toi.

Oh non, voilà que ça recommençait !

E le regarda en fronçant les sourcils.

S sentit le rouge lui monter aux joues.
Il allait battre en retraite lorsqu'il repensa à ce que son frère lui avait dit. Il mit ses deux doigts dans la bouche et il siffla.
Une seconde plus tard, une main se posa sur son épaule. Dimitri était derrière lui.
– Salut les filles, dit Dimitri. Alors, comme ça, vous mangez avec mon frère ? Ça vous dirait de déjeuner avec deux S à la fois ? Au fait pardon, dit-il en se tournant vers son frère, je t'ai interrompu. Qu'est-ce que tu étais en train de dire ?
S sentit son cœur se gonfler de joie. Dimitri avait raison. Il se sentait beaucoup plus fort maintenant que son grand frère était à côté de lui. D'une voix plus assurée, il reprit :
– J'ai dit : « E, tu veux mon dessert ? Je sais que tu adores la mousse au chocolat. Je l'ai prise exprès pour toi ».

– Euh, c'est trop gentil, dit **E** en devenant toute rose.

– Moi aussi j'aime bien la mousse au chocolat, dit U. C'est qu'ils étaient sacrément mignons ensemble, les deux frères S, avec leur mèche brune, et leur fossette au menton…

Depuis ce jour, **S** n'a plus peur des Voyelles.
Il ne rougit plus. Il n'a plus les mains moites.
Quand il est entre deux Voyelles, il zozote toujours, mais désormais, ça ne lui pose pas de problème.
Il sait l'apprivoiser. Il choisit avec soin les mots qu'il va prononcer : les mots « bisou », « musique », ou « rose », bien pratique quand on offre un bouquet. Et les Voyelles ne se moquent plus jamais de ce garçon si charmant et si romantique.

Et quand S a vraiment besoin de faire le son SSSS,
il sait qu'il peut compter sur son grand frère !

As-tu bien compris la règle ?

Entre deux voyelles, la lettre « s »
se prononce [z].

un bisou, la musique

Entre deux voyelles, les deux lettres « ss »
se prononcent [s].

une assiette, la mousse

Grâce à cette histoire,
tu ne l'oublieras plus jamais.

As-tu bien compris l'histoire ?

Qui est qui ?

Reconnais-tu chaque personnage ? Sauras-tu les nommer ?

Vrai ou faux ?

Parmi les phrases suivantes, lesquelles sont vraies ?

1. Alexandre a un nom de famille difficile à prononcer alors tout le monde l'appelle Alexandre S.
2. Alexandre S est un peu timide.
3. Dans la classe, les filles Voyelles sont très gentilles et très jolies.
4. Personne n'aime les filles Voyelles.
5. Alexandre S aimerait bien devenir ami avec les filles Voyelles.
6. Alexandre S zozote dès qu'il est assis entre deux filles Voyelles.
7. Le grand frère d'Alexandre S lui dit de se débrouiller tout seul.
8. Quand son grand frère est à côté de lui, Alexandre S ne zozote plus.

Jouons avec l'orthographe

La voyelle disparue !

Toutes les voyelles sont là. Toutes ? Mais non !
Il en manque une ! Laquelle a disparu ?

Cherche et trouve

Deux intrus se cachent parmi toutes ces voyelles.
À toi de les débusquer !

Charades

Pour dire ces deux mots, Alexandre S a eu besoin de son grand frère. Sauras-tu les découvrir ?

Mon premier miaule et ronronne.
Mon second est une fille qui a un frère. Elle est sa ...
Mon tout a sauvé le Petit Chaperon rouge.

Mon premier est un oiseau noir et blanc attiré par tout ce qui brille.
Mon deuxième est rouge et coule dans nos veines.
Nous dormons sur mon troisième.
Mon tout est une fleur.

Labyrinthe

Les deux frères veulent rentrer chez eux : Alexandre S ne peut passer que sur les mots qui font zzzz et Dimitri S, sur les mots qui font ssss. Peux-tu aider chacun d'eux ?

Ssss ou zzzz ?

Associe chacun de ces éléments au son qui convient : ssss ou zzzz.

1

2

3

4

5

SSSS

ZZZZ

Coupés en deux

Cinq mots ont été coupés en deux. À toi de les reconstituer !

son | sor | héris | des

ins | fus | ée

tré | ecte | sin

L'animal préféré

Repère les points communs entre ces animaux et les filles Voyelles et tu trouveras l'animal préféré de chacune d'elles.

1 

2 

3 

le fennec

l'ibis

le bonobo

Les intrus

Dans tous ces mots, on entend le son ssss**, sauf trois. Sauras-tu les retrouver ?**

un inspecteur | du sable | une fraise

dix | une classe | une tasse | une addition

une potion | un savon | une souris | un cygne

un poison | la passion | une réception

une maison | un garçon | un sac

Ce que dit Dimiti S

En ne lisant que la première lettre de chaque mot, tu découvriras ce que Dimitri S dit à son frère.

essai–nasse–tasse–rose–essuyer
danse–enseigner–utiliser–xylophone
visage–oser–yeux–espoir–laisse–léser–
essorer–source lacet–acéré lessive–
élastique–tresse–tison–raser–écluse
succès sortie–écrevisse passant–réponse–
oser–nourrice–obstiné–nuance–ciseaux–
estimer zigzag.

La chasse aux sons

Choisis un son : le ssss de *saucisse*. Puis cherche autour de toi tous les mots qui contiennent ce son, comme *savon*, *cygne*, *classeur*, *potion* ou encore *dix* par exemple, car seul le son compte !

La chasse aux voyelles

Repère dans ce livre ou dans d'autres albums les différentes voyelles.

Les inspecteurs Ne et Pas

Cela se passait il y a fort longtemps, au pays des verbes. Tout le monde vivait dans la plus parfaite harmonie.

Le matin, au marché, le verbe SOURIRE croisait le verbe PAPOTER. Le verbe SE PROMENER flânait bras dessus, bras dessous avec le verbe SIFFLOTER. Les enfants sur la place s'amusaient avec le verbe JOUER, jusqu'à ce qu'à midi, le verbe DÉJEUNER sonna la grosse cloche du beffroi.

Bref, les jours coulaient, heureux, et personne n'y trouvait à redire.

Mais un beau jour, un gang de verbes mal intentionnés débarqua dans la petite ville paisible. Il y avait là : ATTAQUER, VOLER, DÉRANGER, IMPORTUNER, MENTIR, TUER, POLLUER, SALIR, HARCELER… et tant d'autres ! Une bande de sinistres compères menés par leur chef, l'odieux verbe DÉRANGER, à qui ils obéissaient tous au doigt et à l'œil.
Et du jour au lendemain, ces verbes patibulaires se mirent à terroriser les habitants du pays des verbes.

TUER
RICANER
HARCELER
BOUSCULER
ATTAQUER
POLLUER
IMPORTUNER
DÉRANGER
ATTAQUER
SALIR
VOLER
MENTIR

Le vieux verbe MARCHER qui s'était aventuré dehors fut suivi par l'horrible verbe BOUSCULER qui le fit tomber, exprès.
Et quand le verbe AIDER voulut intervenir, le verbe RICANER se moqua ouvertement de lui, l'obligeant à battre en retraite...
Pauvres verbes. Eux qui vivaient si tranquilles, voilà qu'ils n'osaient plus sortir de chez eux.

Cela ne pouvait plus durer ! N'y tenant plus, le verbe ALERTER prit son téléphone et il appela le commissariat :

– Allô la police ? ALERTER au téléphone. Écoutez, nous avons un problème ! Une bande de gangsters sème la pagaille dans notre ville. Ces verbes-là ne respectent rien ! Ils ne savent pas ce que c'est que l'interdiction... Et nous ignorons comment les empêcher de nuire. Rien ne les arrête. Il faut absolument nous aider.

– On vous envoie quelqu'un, grogna l'agent au bout du fil.

Et il raccrocha sans plus de cérémonie.

ALLÔ ?

Et c'est ainsi que le lendemain arrivèrent au pays des verbes, carnet à la main, l'inspecteur **NE** et son acolyte, l'inspecteur **PAS**.

NE et **PAS**. **NE** était un grand type sec, très maigre avec un nœud papillon. **PAS**, à l'inverse, était un petit rondouillard un peu chauve. Et ces deux-là étaient inséparables.

Il leur fallut quelques heures à peine pour se rendre compte de l'urgence de la situation.

NE
PAS

– Inspecteur **PAS** ?

– Oui, chef ?

– Nous allons apprendre à ces malappris qu'on ne fait pas toujours ce qu'on veut. Voilà ce que nous allons faire, **PAS**. À chaque fois que nous verrons un de ces verbes s'apprêter à mal agir, nous allons l'encercler : vous d'un côté, moi de l'autre. Bien compris ?

– Oui chef ! La technique de la lunette ! Vous à gauche, moi à droite, dit **PAS** admiratif.

– Oui, enfin si vous voulez... La... la technique du sandwich disons... vous à droite et moi à gauche...

– Euh... donc la technique de la lunette chef !

– Donc la technique du sandwich, **PAS**... Bon enfin écoutez, appelez ça comme vous voulez, mon vieux. Le principal, c'est... c'est le résultat...

NE
PAS

Et dès le lendemain, **NE** et **PAS** firent ce qu'ils avaient décidé.

Quand sur la place du village, ils virent le verbe TAPER se diriger vers les enfants qui jouaient tranquillement, ils l'encadrèrent énergiquement : « On *ne* tape *pas* ».

Et le verbe TAPER dut s'arrêter immédiatement.

NE
PAS

Le soir même, quand le verbe DÉRANGER voulut mettre la musique à fond comme tous les soirs au grand désespoir de son voisinage, **NE** et **PAS** surgirent aussitôt et lui posèrent une main ferme sur l'épaule. Un à gauche, l'autre à droite.

« On *ne* dérange *pas* ses voisins... ».

Ah, si vous aviez vu la tête du verbe DÉRANGER !

Empêché de faire ce qu'il avait envie de faire...

Mais c'était ainsi. **NE** et **PAS** furent inflexibles.

NE
PAS

Ils étaient tellement doués pour faire respecter la loi, que d'un commun accord, tous les verbes leur demandèrent de rester habiter dans leur ville.
Les inspecteurs **NE** et **PAS** acceptèrent, à condition, comme les verbes indisciplinés étaient très nombreux, de pouvoir embaucher du renfort.
Et c'est ainsi que les brigadiers **PLUS**, **JAMAIS**, **GUÈRE** et **POINT** rejoignirent l'inspecteur **NE** qui leur apprit avec une grande efficacité la technique du sandwich.
– Euh, de la lunette, chef !
Et tous ensemble, on les appela « la Brigade de la négation ».

BRIGADE
DE LA
NÉGATION
NE
PAS
PLUS
GUÈRE
JAMAIS
POINT
RF
NE
PAS
PLUS
JAMAIS
GUÈRE
POINT

Aujourd'hui, dans la petite ville des verbes, on *ne* crie *plus*, on *ne* vole *jamais*, on *ne* rouspète *guère* et on *ne* se fâche *point*. Tout est redevenu paisible.

As-tu bien compris la règle ?

Une phrase affirmative
est une phrase qui dit « oui ».

Le verbe RICANER se moque des autres verbes.

Pour transformer une phrase affirmative
en phrase négative (une phrase qui dit « non »),
on entoure le verbe avec deux petits mots :
ne et pas (ou point, guère, jamais et plus) !

Le verbe RICANER ***ne*** *se moque* ***pas*** *des autres verbes.*

Grâce à cette histoire,
tu ne l'oublieras plus jamais.

As-tu bien compris l'histoire ?

Qui dit quoi ?

Redonne sa bulle à chaque personnage.

A Je vais mettre la musique à fond pour gêner les voisins !

B Vous avez raison, chef ! La technique de la lunette, c'est parfait !

C Quand un de ces verbes voudra mal agir, nous l'encerclerons.

D Cela ne peut plus durer, je vais appeler la police.

1

2

3

4

Le bon résumé

Parmi les résumés ci-dessous, lequel correspond à l'histoire que tu viens de lire ?

1. Les verbes vivaient en paix jusqu'à ce qu'arrive un gang d'affreux verbes. Malheureusement, ils sont trop nombreux, et les inspecteurs NE et PAS ne parviennent pas à les arrêter.
2. Un jour, un groupe de verbes mal intentionnés envahit la paisible ville des verbes. Heureusement, les inspecteurs NE et PAS réussissent à les empêcher de nuire en les encerclant.
3. Tous les verbes vivaient en paix jusqu'à ce qu'arrive un gang d'affreux verbes. Heureusement, le verbe ALERTER les chasse de la ville grâce au verbe AIDER.

Jouons avec l'orthographe

Labyrinthe

En suivant le mot « non », aide l'inspecteur NE à trouver son collègue PAS.

			C	I	A	N	Q	A	U	T
			N	O	N	U	E	N	O	N
			E	M	O	R	S	V	J	E
			S	O	N	O	N	U	T	A
K	I	R	L	M	D	V	O	S	P	O
B	E	Z	S	N	S	O	N	O	N	L
D	M	A	O	O	B	T	E	N	O	M
O	N	N	O	N	J	P	S	A	N	T
N	O	N	I	L	G	X	A			
D	E	F	Y	H	F	N	O			
R	D	S	A	E	G	B	N			

Oeil de lynx

Parmi les mots ci-dessous, retrouve les six mots membres de la Brigade de la négation.

pas par donc car ainsi ne plus puis
sous à sans si où ou ainsi
avec or alors
de là cela en et guère sur
encore
dans jamais donc point mais si et

Méli-mélo

Remets les mots dans l'ordre pour lire les phrases.

1 les verbes | 2 pas | 3 Depuis quelques temps, | 4 ne | 5 heureux. | 6 sont

1 de chez eux. | 2 Les habitants | 3 osent | 4 n' | 5 sortir | 6 plus

1 les méchants verbes. | 2 ne | 3 supportent | 4 Ils | 5 de fréquenter | 6 plus

1 rien. | 2 Ceux-ci | 3 respectent | 4 ne

Cherche et trouve

Trois phrases mal écrites se sont glissées dans le nouveau règlement de la ville des verbes. Trouve-les et corrige-les.

Règlement de la ville

Article 1. On ne dérange pas ses voisins.
Article 2. On tape pas.
Article 3. On vole jamais.
Article 4. On n'attaque personne.
Article 5. On crie plus.
Article 6. On ne se bouscule pas.

La phrase intruse

Une phrase négative (qui dit « non ») s'est égarée parmi ces phrases affirmatives (« qui disent « oui »). Retrouve-la.

1. Le verbe MARCHER s'est fait bousculer dans la rue.
2. Le verbe TAPER se dirige vers des enfants qui jouent.
3. Le verbe ALERTER appelle le commissariat.
4. Les inspecteurs NE et PAS sont très doués pour faire respecter la loi.
5. Le verbe RICANER ne se moque plus du verbe AIDER.
6. Le verbe DÉRANGER se fait arrêter.

Qui a raison ?

Lequel de ces trois personnages a raison ?

Rébus

Résous ce rébus pour retrouver la règle.

Compris ?

L'inspecteur PAS a quelque chose à te dire. Pour le savoir, suis le chemin de la grille de droite pour décoder celle de gauche.

T	R	I	J	A	I	S	A	Q	U
P	L	U	S	M	D	P	N	T	L
N	D	T	J	A	P	O	I	E	P
A	E	N	O	I	A	K	Y	T	J
M	S	O	N	S	P	O	I	N	T
O	E	S	E	R	E	U	G	T	E
T	A	T	I	U	E	Z	R	E	R
S	T	N	U	S	R	O	D	P	G
Q	U	I	T	A	H	C	W	J	D
E	L	S	N	L	R	P	N	C	O
G	H	E	E	A	N	E	O	K	C
A	B	R	V	A	P	G	I	A	P
S	X	L	S	S	D	A	T	E	U

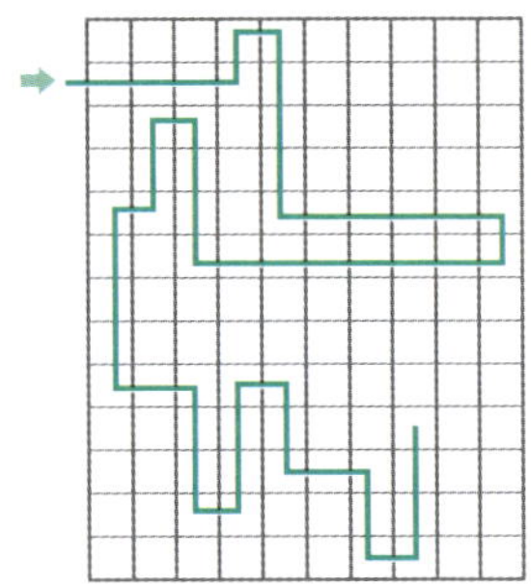

Pas ? Point ? Guère ? Jamais ? Plus ?

L’inspecteur NE a rendez-vous avec un autre inspecteur de la Brigade de la négation. Pour savoir lequel, suis les indications.

3↓ 2→ 1↑ 3→ 3↓ 3→ 1↑ 1→ 6↓ 1→ 2↑ 1→ 6↑ 1→ 4↓ 1→

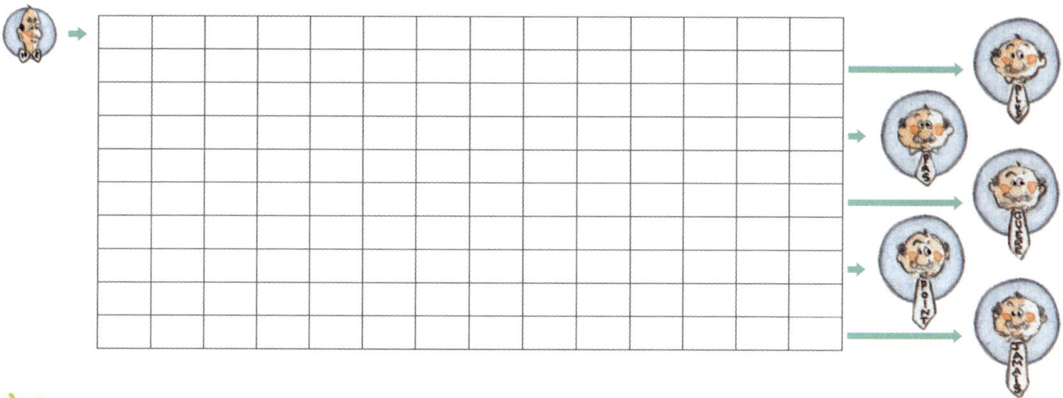

Les mots manquants

Le verbe DÉRANGER a été arrêté par les inspecteurs NE et PAS. Pour être libéré, il doit trouver les mots manquants dans ces phases. Peux-tu l’aider ?

1. La négation est toujours formée de ... mots.
2. Ces mots encadrent le ... .

Message codé

Pour trouver la devise de la Brigade de la négation, remplace chaque lettre par celle qui la suit dans l’alphabet.

D M B D Q B K N M R   K D R   U D Q A D R !

Pour t’aider, A = B, B = C...

A B C D E F G H I J K L M N O P Q R S T U V W X Y Z

Le coin des parents

Monsieur C et sa cédille p. 7

Quelle règle d'orthographe est illustrée ?

L'histoire de « Monsieur C et sa cédille » souligne avec humour l'importance de la cédille dans la composition de certains mots : sa disparition occasionne des prononciations bien étranges !

> Le « c » se prononce [k] devant « a », « o » et « u », mais [s] devant « e », « i » et « y ».
>
> Il se prononce [s] devant « a », « o » et « u » quand il porte une cédille.

Pourquoi cette règle pose-t-elle problème ?

Au début de l'apprentissage de la lecture, prononcer une lettre en fonction de celle qui suit est une opération complexe. Après avoir appris et intégré que le « c » se prononce [k], il faut ensuite que votre enfant remette en cause cette conception initiale pour découvrir qu'il peut aussi se prononcer [s] ! Beaucoup d'entraînement et de contacts avec l'écrit lui seront nécessaires pour automatiser cette compétence en lecture – et plus encore en écriture (en situation de dictée ou de rédaction), où il faut choisir entre « s », « ss », « c » et « ç », et même « t », pour transcrire le son [s]. C'est alors la mémoire visuelle qui, pour une grande part, peut l'aider à trancher.

Comment aider votre enfant avec cette règle ?

- en le laissant lire seul l'histoire, en la lisant avec lui, ou en lui faisant écouter la version audio, tout en lui faisant remarquer que la disparition de la cédille altère la prononciation de certains mots ;
- en lui proposant de réaliser les jeux qui suivent l'histoire ;
- grâce à la dictée farfelue qui permet de réinvestir la règle.

Dictée farfelue

Mise en contexte (à raconter avant la dictée) :

Quelques temps plus tard, Monsieur C et Monsieur S se croisent dans la rue. Voici leur conversation.

Phrases à dicter (en plusieurs fois si nécessaire) :

- Tu as été libéré ? lance Monsieur C en apercevant Monsieur S.
- Oui. J'ai passé deux jours en cellule, et on m'a laissé sortir, annonce Monsieur S.
- Et pourquoi ça ? grimace Monsieur C, mes soupçons étaient pourtant fondés...
- J'ai avoué, et je t'ai rendu ta cédille.
- Tu m'as beaucoup déçu... Mais j'espère que cette arrestation te servira de leçon.

N'hésitez pas à aider votre enfant à orthographier les mots qui lui posent problème : *cellule*, *annonce*, *arrestation*... Vous pouvez aussi lui demander ce qu'il faut à la fin des verbes avec « tu » (exemple : *Tu as*).

Matériel
- Une feuille de papier A4
- Une paire de ciseaux
- Un pic à brochette en bois débarrassé de son extrémité pointue (ou une paille en carton)
- Un compas
- Un feutre
- De la colle
- Une règle

Le thaumatrope
(ancêtre du dessin animé)

Le thaumatrope fait défiler deux images si rapidement que notre œil n'en voit plus qu'une. On retrouve ce principe dans les dessins animés, où s'ajoute une impression de mouvement.

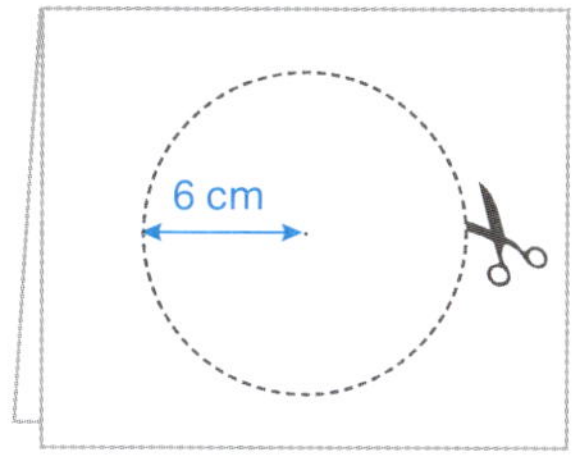

1. Pliez la feuille de papier A4 en deux, et tracez un cercle au compas de 6 cm de rayon environ.

2. Découpez la feuille pliée afin d'obtenir deux cercles identiques.

3. Sur le premier disque, demandez à votre enfant de dessiner Monsieur C.

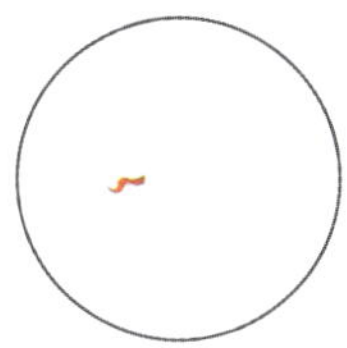

4. Sur le deuxième disque, demandez à votre enfant de dessiner la cédille accrochée à Monsieur C. Vous pouvez vous aider de la transparence du papier sur une vitre, par exemple.

5. Badigeonnez de colle le verso d'un des disques, afin d'y fixer le pic, également encollé sur la partie haute.

6. Posez l'autre disque de façon à enfermer le pic (bien appuyer pour que les disques adhèrent au pic).

7. Votre enfant peut alors faire tourner le pic entre ses mains. Faites-lui constater que, grâce à la persistance rétinienne, il est possible de voir la cédille accrochée à Monsieur C.

Les frères S p. 39

Quelle règle d'orthographe est illustrée ?

L'histoire « Les frères S » illustre la règle des deux sons de la lettre « s » :

> Entre deux voyelles, la lettre « s » se prononce [z] : un bisou, la musique.
>
> Entre deux voyelles, les deux lettres « ss » se prononcent [s] : une assiette, la mousse.

Pourquoi cette règle pose-t-elle problème ?

Cette règle est difficile pour tous les enfants, même pour les plus grands, parce qu'ils doivent simultanément :

- se **repérer** correctement dans l'espace pour comprendre la notion de « entre » ;
- bien **entendre** la différence de son entre le [s] et le [z], entre « poisson » et « poison », par exemple ;
- connaître parfaitement les **voyelles** et les repérer immédiatement… et faire preuve de **mémoire** et de **logique** pour pouvoir mémoriser puis appliquer les deux parties de cette règle, en lecture d'abord, en écriture ensuite.

Comment aider votre enfant avec cette règle ?

Pour se trouver à l'aise dans le **repérage**, un enfant doit avant tout être à l'aise avec son corps. Les activités physiques et sportives, même si elles vous semblent bien éloignées de l'objectif d'acquisition de l'orthographe, concourent à apprendre aux enfants à se repérer dans l'espace.

De nombreux jeux de société peuvent y contribuer.

Pour aider votre enfant à **entendre et distinguer les sons** (en particulier la différence entre le [s] de « poisson » et le [z] de « poison ») les comptines et chansons adaptées à son âge peuvent être très efficaces.

Dictée farfelue

Lisez le texte en entier puis proposez à votre enfant d'écrire seulement les mots en couleur. Pour cela, lisez les phrases jusqu'au premier mot en rose. Répétez le mot et laissez votre enfant essayer de l'écrire. Corrigez-le immédiatement si besoin. Puis continuez la suite des phrases, en vous arrêtant à chaque mot en rose, de la même manière.

Mots à dicter :

Alexandre S est bien gêné par sa timidité qui le conduit à zozoter quand il est assis entre deux filles Voyelles.

Ainsi, par exemple, la semaine dernière, il voulait demander à sa voisine si elle avait aimé le dessert. Il lui a dit : « Est-ce que tu aimes le désert ? ». Catastrophe !

Le lendemain, à la cantine, il a proposé à son amie un peu plus de poison, au lieu de lui proposer du poisson ! Quel embarras !

Hier encore, alors qu'il voulait galamment offrir un coussin moelleux à sa camarade, il lui a proposé de s'installer sur son cousin ! Tout le monde a ri sauf Alexandre S, qui était gêné.

Décidément, Alexandre S a vraiment besoin de son grand frère !

Matériel
- Une feuille A4
- Un stylo ou un crayon à papier

Le petit bac des mots en « s »

• Constituez une grille pour chaque joueur selon le modèle ci-dessous.
Choisissez entre cinq et huit catégories : animal, fruit, métier, sport…
Le but du jeu est de trouver un mot pour chaque catégorie proposée en commençant par la lettre « s ».

	Animal	Fruit/ légume	Métier	Objet	Prénom masculin	Prénom féminin	Ville	Pays	TOTAL
S	souris	salsifis	sculpteur	serviette	Simon	Safia	Séoul	Soudan	
S									
S									
S									

• À la fin de chaque partie, comptez les points en comparant les listes de tous les joueurs :
2 points = lorsqu'un joueur a un mot qu'aucun autre joueur n'a trouvé.
1 point = lorsque plusieurs joueurs ont trouvé le même mot.
0 point = un joueur n'a rien trouvé ou le mot est faux.

Le gagnant est le joueur qui a obtenu le plus grand score à la fin des différentes parties.
Remarques :
– Vous pouvez également changer les catégories de mots.
– Il est possible de varier le jeu en demandant un mot comprenant aussi au moins une fois le son [s] ou [z].

Règle

Les inspecteurs Ne et Pas p. 77

Quelle règle d'orthographe est illustrée ?

« Les Inspecteurs Ne et Pas » représentent les éléments de la négation qui, en français, est composée de deux mots, à la différence de la plupart des autres langues. À l'école élémentaire, la connaissance de la forme négative est travaillée en fin de CE1, mais elle peut être rappelée jusqu'en classe de 6e, et même au-delà.

> La négation est toujours formée de deux mots :
>
> « **ne** » (ou « **n'** » devant une voyelle)
>
> \+
>
> « **pas** » (ou « **plus** », « **guère** », « **jamais** », « **point** », « **rien** », **personne** »).
>
> Ces deux mots encadrent le verbe ou son auxiliaire.

Pourquoi cette règle pose-t-elle problème ?

À l'oral, où il s'agit de se faire comprendre rapidement, « ne » ou « n' » sont fréquemment omis. Dans un premier temps, les enfants vont calquer ce qu'ils écrivent sur ce qu'ils prononcent, ce qui explique en grande partie l'oubli du premier élément de la négation : « J'aime pas… » ; « Tu veux pas… »…

Comment aider votre enfant avec cette règle ?

La maîtrise de la négation peut s'acquérir :

- en le laissant lire seul l'histoire, en la lisant avec lui, ou en lui faisant écouter la version audio ;
- en lui proposant de réaliser les jeux qui suivent l'histoire ;
- en lui rappelant ensuite, en toute occasion, qu'en français, la négation est toujours formée de deux mots ;
- grâce à la dictée farfelue, qui permet de réinvestir la règle.

Pour aller plus loin

Pour expliquer les termes grammaticaux « forme affirmative » et « forme négative », vous pouvez indiquer à votre enfant qu'une phrase de forme affirmative est « une phrase qui dit oui », et qu'une phrase à la forme négative est « une phrase qui dit non ».

Dictée farfelue

Mise en contexte (à raconter avant la dictée) :

C'est bientôt les élections du Maire de la ville des verbes. Deux candidats s'affrontent pour remporter l'élection : le verbe AIDER est en tête des sondages, mais le verbe DÉRANGER, prêt à tout pour renverser la tendance, propose dans son dernier discours un nouveau règlement pour la ville. Quelles mesures contient-il ? Réussira-t-il à convaincre les électeurs ?

Une équipe de journalistes, les verbes INTERROGER et FOUILLER, a réussi à mettre la main sur une version écrite du règlement que DÉRANGER promet de faire appliquer quand il sera élu.

En voici des extraits.

Phrases à dicter :

- On n'empêche pas les enfants de faire du bruit.
- On n'interdit jamais de manger des bonbons.
- On ne défend point aux verbes de faire ce qu'ils veulent.
- On ne prive pas de goûter.
- On ne punit plus pour les bêtises.
- On n'oblige plus à dire « bonjour », « merci » et « s'il te plaît ».

Un jeu : les deux font la paire !

Matériel
- Deux feuilles A4 de papier épais, de type Bristol
- Un feutre
- Une règle
- Une paire de ciseaux

1. Afin de réaliser le jeu de cartes, partagez chaque feuille de papier type Bristol en 16 parties égales.

2. Écrivez avec votre enfant, sur chacune d'elles, un mot de négation, comme ci-contre. Puis découpez ensuite les cartes. 2 cartes ne serviront pas.

ne	ne	ne	ne
ne	ne	ne	ne
n'	n'	n'	n'
n'	n'		

pas	pas	pas	pas
pas	pas	pas	pas
plus	plus	plus	plus
rien	jamais	point	guère

3. Voici les règles (2 à 4 joueurs) :
   - Après avoir mélangé le jeu de 30 cartes, on distribue 5 cartes par joueur ; le reste des cartes constitue la pioche, posée face cachée sur la table.
   - Le joueur situé à gauche du distributeur commence. Il doit poser, faces visibles, à côté de la pioche, une paire constituée de « ne » (ou de « n' ») et d'un autre mot de négation (« pas », « plus », « jamais », « rien », « point » ou « guère »). Chaque joueur ne peut poser qu'une paire à chaque tour.
   - À chaque fois qu'il pose une paire, le joueur invente et prononce une phrase utilisant la négation formée par ses deux cartes.
   - Si un joueur ne peut pas constituer de paire quand arrive son tour, il pioche, et pose éventuellement sa paire.
   - Le joueur suivant procède de même. Les cartes posées constituent le « pot ».
   - On tourne ainsi dans le sens des aiguilles d'une montre.
   - S'il n'y a plus de cartes dans la pioche, on mélange le pot, qui devient, face cachée, la pioche.

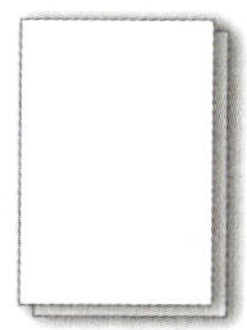

pioche

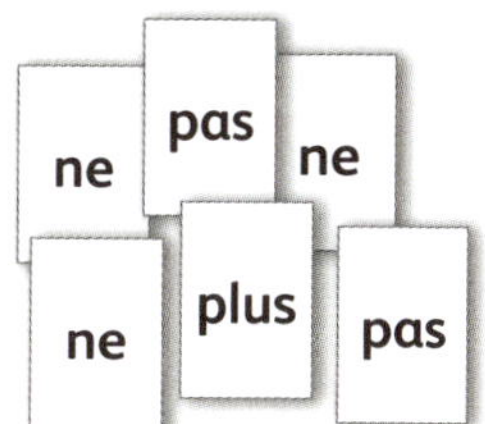

pot

→ Le gagnant est celui qui a posé toutes ses cartes. Les autres joueurs peuvent continuer à piocher et à poser. Le jeu s'arrête quand un seul joueur a encore une ou plusieurs carte(s) en main.

Corrigés des exercices

Monsieur C et sa cédille

As-tu compris l'histoire ?

Vrai ou faux ? p. 32 :
Les phrases 1, 3 et 5 sont vraies.

Qui dit quoi ? p. 32 :
(1. C.) – (2. B) – (3. A)

Jouons avec l'orthographe

Œil de lynx p. 33 :
Il manque une cédille au mot « gerçure ».

Les intrus p. 33 :
1. passage – 2. cerise – 3. cygne – 4. silex – 5. flocon

Labyrinthe p. 34 :

ça	ca	cro	cau	can	coi	cui
çoi	cro	cai	cran	ca	croi	clé
ci	ce	çon	cu	clou	coi	cui
cou	can	ca	ceau	ci	ca	cla
ca	crai	co	cui	çu	can	clo
co	can	coi	Ca	ça	cra	cro
can	cau	croi	cui	cy	cé	çoi

Devinettes p. 34 :
A. glaçon – B. maçon – C. leçons – D. rançon

Drôle d'adresse p. 35 :
Monsieur C et sa cédille
7 rue en colimaçon
99200 Crochet-sur-Mer
France

La cédille disparue p. 35 :
Il manque une cédille au mot « ça ».

Les cédilles pirates p. 35 :
Les mots « précieuse », « cédille » et « police » n'ont pas besoin de cédille.

Énigme p. 36 :
La Suisse.

Méli-Mélo p. 36 :
A. Le « c » se prononce « ssss » devant « e », « i » et « y ». (3-4-1-2)
B. Sans cédille, le « c » se prononce comme « k » devant « a », « o » et « u ». (3-4-1-2)
C. Avec une cédille, le « c » se prononce « ssss » devant « a », « o » et « u ». (3-2-4-1)

Rapport de cédille p. 37 :
Les six mots mal orthographiés sont : « ca » (ça), « fronca » (fronça), « calecon » (caleçon), « ca » (ça), « lecon » (leçon) et « recu » (reçu).

Les frères S

As-tu compris l'histoire ?

Qui est qui ? p. 70 :
Y, Alexandre S, E, I, O, Dimitri S, U et A.

Vrai ou faux ? p. 70 :
Les phrases 1, 2, 3, 5, 6 et 8 sont vraies.

Jouons avec l'orthographe

La voyelle disparue ! p. 71
La voyelle A.

Cherche et trouve p. 71 :
Les intrus sont « n » et « R ».

Charades p. 72 :
chasseur – pissenlit.

Labyrinthe p. 72 :

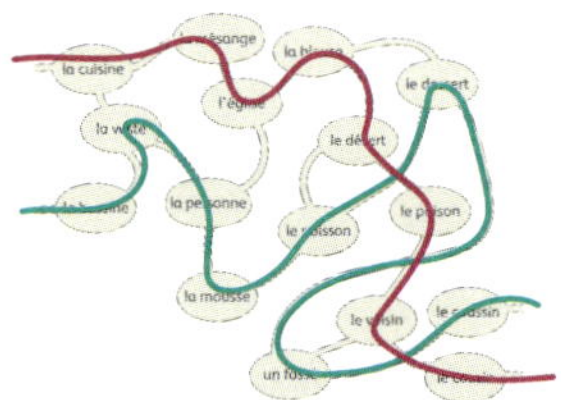

Ssss ou zzzz ? p. 73 :
ssss : 1 – 2 – 4 ; zzzz : 3 – 5

Coupés en deux p. 73 :
hérisson – fusée – insecte – dessin – trésor

L'animal préféré p. 74 :
1. O/bonobo – 2. I/ibis – 3. E/fennec

Les intrus p. 74 :
Les trois intrus sont « une fraise », « un poison » et « une maison ».

Ce que dit Dimitri S p. 75 :
« Entre deux voyelles, la lettre "s" se prononce [z] ».

Les inspecteurs Ne et Pas

As-tu compris l'histoire ?

Qui dit quoi ? p. 98 :
(A. 2.) – (B. 3) – (C. 4) – (D. 1)

Le bon résumé p. 98 :
Le bon résumé est le 2.

Jouons avec l'orthographe

Labyrinthe p. 99 :

Œil de lynx p. 99 :
ne, pas, guère, plus, jamais, point

Méli-mélo p. 100 :
A. Depuis quelques temps, les verbes ne sont pas heureux.
B. Les habitants n'osent plus sortir de chez eux.
C. Ils ne supportent plus de fréquenter les méchants verbes.
D. Ceux-ci ne respectent rien.

Cherche et trouve p. 100 :
Article 2. On tape pas (On ne tape pas).
Article 3. On vole jamais (On ne vole jamais).
Article 5. On crie plus (On ne crie plus).

La phrase intruse p. 101 :
C'est la phrase 5.

Qui a raison ? p. 101 :
C'est le personnage A.

Rébus p. 102 :
Ne et pas entourent les verbes.

Compris ? p. 102 :
Plus, jamais, point et guère sont des mots qui servent à la négation.

Pas ? Point ? Guère ? Jamais ? Plus ? p. 103 :
3↓ 2→ 1↑ 3→ 3↓ 3→ 1↑ 1→ 6↓ 1→ 2↑ 1→ 6↑ 1→ 4↓ 1→

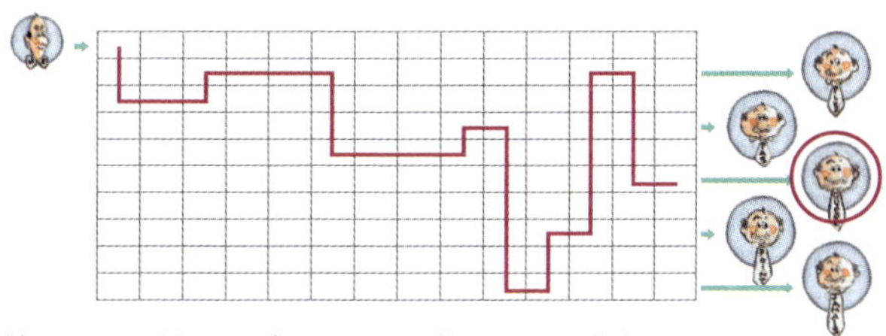

L'inspecteur Ne a rendez-vous avec l'inspecteur Guère.

Les mots manquants p. 103 :
1. deux – 2. verbe

Message codé p. 103 :
Encerclons les verbes !

Comment écouter gratuitement les histoires lues par Élodie Fondacci ?

1 Rendez-vous sur :

activation.lerobert.com/histoiresfarfelues2

2 Répondez à la question qui vous est posée et créez votre compte*.

3 Un e-mail vous est alors envoyé avec l'accès à vos histoires à écouter en ligne ou sur Ma Fabrique à Histoires (©Lunii).

Astuce : pensez à vérifier vos courriers indésirables.

lunii

*L'inscription est réservée aux adultes.

Retrouvez toute la collection

Direction éditoriale
Marie Bourboulou

Édition
Christine Pincemaille

Création couverture
Anne-Danielle Naname

Création graphique pages intérieures et MEP
Émili Loriel

Fabrication
Nicolas Zeifman

Crédits
Rabats de couverture : Élodie Fondacci © Laurent Rouvrais / Radio Classique – Marianne Barcilon © Marianne Barcilon
Pages intérieures : p. 36 : © Shutterstock/Pyty – p. 100 : © Shutterstock/wirakorn deelert

ISBN : 978-2-32101-881-0

Ce livre est imprimé sur du papier issu de forêts gérées durablement.

N° éditeur : 604311/10287661 - Dépôt légal : juin 2023
Achevé d'imprimer en mai 2023 par Estimprim France